# When I Am Gloomy
# Коли мені сумно

Sam Sagolski
Illustrated by Daria Smyslova

www.kidkiddos.com
Copyright ©2025 by KidKiddos Books Ltd.
support@kidkiddos.com

All rights reserved. No part of this book may be reproduced in any form or by any electronic or mechanical means, including information storage and retrieval systems, without written permission from the publisher, except in the case of a reviewer, who may quote brief passages embodied in critical articles or in a review.
First edition, 2025

Translated from English by Yelyzaveta Barsa
*Переклад з англійської Єлизавети Барси*

**Library and Archives Canada Cataloguing in Publication**
When I Am Gloomy (English Ukrainian Bilingual edition)/Shelley Admont
ISBN: 978-1-83416-612-4 paperback
ISBN: 978-1-83416-613-1 hardcover
ISBN: 978-1-83416-611-7 eBook

Please note that the English and Ukrainian versions of the story have been written to be as close as possible. However, in some cases they differ in order to accommodate nuances and fluidity of each language.

One cloudy morning, I woke up feeling gloomy.

*Одного хмарного ранку я прокинулася похмурою.*

I got out of bed, wrapped myself in my favorite blanket, and walked into the living room.

*Я встала з ліжка, загорнулася в свою улюблену ковдру і пішла до вітальні.*

"Mommy!" I called. "I'm in a bad mood."
– Мамо! – гукнула я. – У мене поганий настрій.

Mom looked up from her book. "Bad? Why do you say that, darling?" she asked.
*Мама підвела очі від книги:*
*– Поганий? Чому ти так кажеш, люба? – запитала вона.*

"Look at my face!" I said, pointing to my furrowed brows. Mom smiled gently.
*– Поглянь на моє обличчя! – сказала я, вказуючи на свої нахмурені брови. Мама ніжно усміхнулася.*

"I don't have a happy face today," I mumbled. "Do you still love me when I'm gloomy?"
*– У мене сьогодні нещасливе обличчя, – пробурмотіла я. – Ти все ще любиш мене, коли я похмура?*

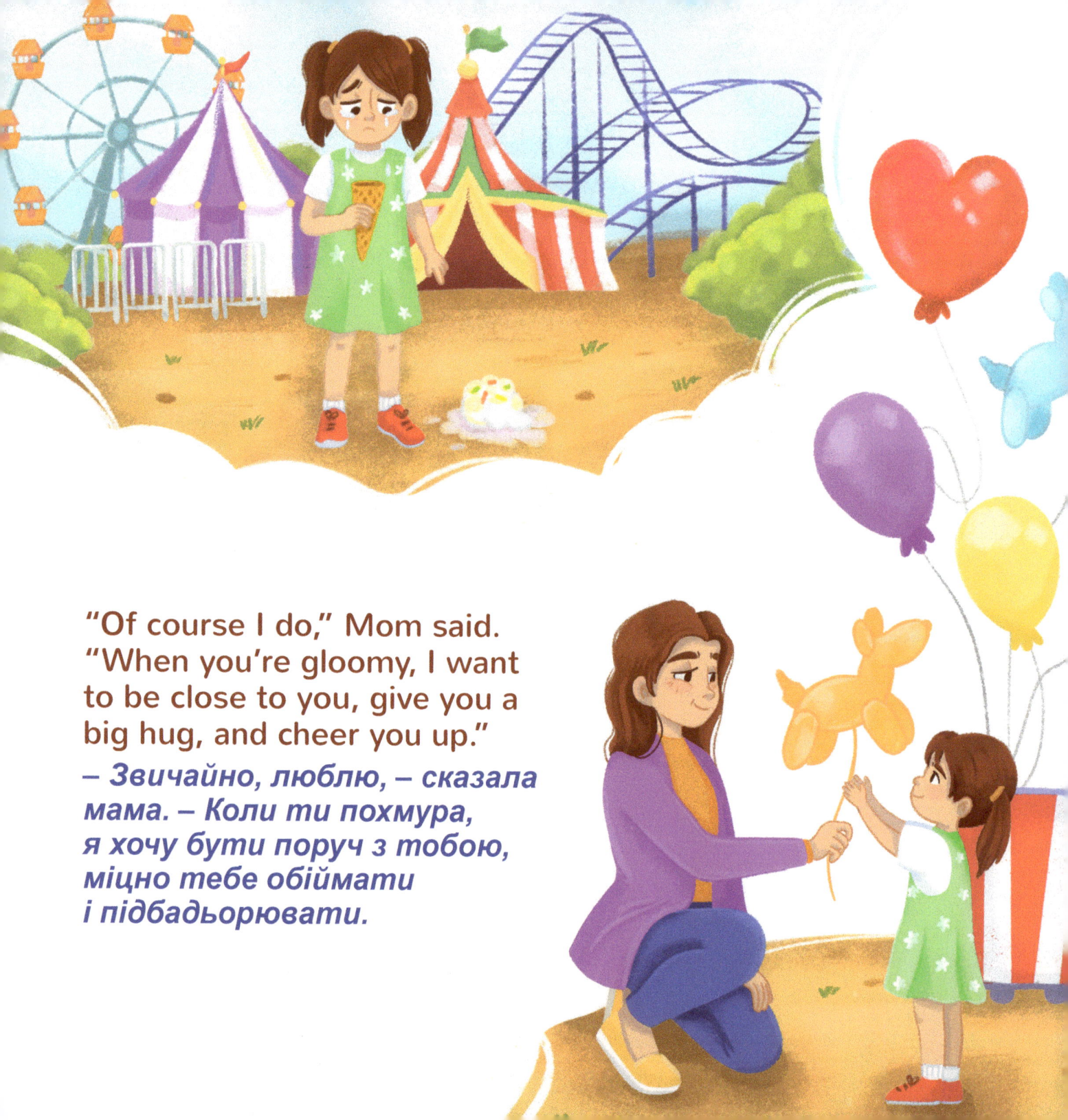

"Of course I do," Mom said. "When you're gloomy, I want to be close to you, give you a big hug, and cheer you up."

– *Звичайно, люблю, – сказала мама. – Коли ти похмура, я хочу бути поруч з тобою, міцно тебе обіймати і підбадьорювати.*

That made me feel a little better, but only for a second, because then I started thinking about all my other moods.

*Від цього мені стало трохи легше, але лише на мить, тому що потім я почала думати про всі свої інші настрої.*

"So... do you still love me when I'm angry?"
– *То... ти все ще любиш мене, коли я злюся?*

Mom smiled again. "Of course I do!"
*Мама знов усміхнулася:*
*– Звісно, я люблю тебе.*

"Are you sure?" I asked, crossing my arms.
*– Ти впевнена? – запитала я, схрестивши руки.*

"Even when you're mad, I'm still your mom. And I love you just the same."

– Навіть коли ти злишся, я все ще твоя мама. І я люблю тебе так само.

I took a big breath. "What about when I'm shy?" I whispered.

*Я глибоко вдихнула:
– А як щодо того, коли я соромлюсь? – прошепотіла я.*

"I love you when you're shy too," she said. "Remember when you hid behind me and didn't want to talk to the new neighbor?"

*– Я люблю тебе, коли ти соромишся також, – сказала вона. – Пам'ятаєш, коли ти сховалася за мною і не хотіла розмовляти з новим сусідом?*

I nodded. I remembered it well.
*Я кивнула. Я добре це пам'ятала.*

"And then you said hello and made a new friend. I was so proud of you."

– *А потім ти привіталася і знайшла нового друга. Я так тобою пишалась.*

"Do you still love me when I ask too many questions?" I continued.

– Ти все ще любиш мене, коли я ставлю забагато запитань? – продовжила я.

"When you ask a lot of questions, like now, I get to watch you learn new things that make you smarter and stronger every day," Mom answered. "And yes, I still love you."

– Коли ти ставиш багато запитань, як зараз, я спостерігаю, як ти вчишся новому, що робить тебе розумнішою і сильнішою з кожним днем, – відповіла мама. – І так, я все ще люблю тебе.

"What if I don't feel like talking at all?" I continued asking.
– А що як мені зовсім не хочеться говорити? – продовжила питати я.

"Come here," she said. I climbed into her lap and rested my head on her shoulder.
– Ходи сюди, – сказала вона. Я залізла їй на коліна і поклала голову їй на плече.

"When you don't feel like talking and just want to be quiet, you start using your imagination. I love seeing what you create," Mom answered.

*– Коли ти не хочеш говорити і просто хочеш помовчати, ти починаєш використовувати свою уяву. Мені подобається бачити, що ти створюєш, – відповіла мама.*

Then she whispered in my ear, "I love you when you're quiet too."

*Потім вона прошепотіла мені на вухо:*
*– Я також люблю тебе, коли ти мовчиш.*

"But do you still love me when I'm afraid?" I asked.

– Але чи ти все ще любиш мене, коли я боюсь? – запитала я.

"Always," said Mom. "When you're scared, I help you check that there are no monsters under the bed or in the closet."

– Завжди, – сказала мама. – Коли ти налякана, я допомагаю тобі переконатись, що під ліжком і в шафі немає монстрів.

She kissed me on the forehead. "You are so brave, my sweetheart."

*Вона поцілувала мене в лобик:
– Ти така смілива, моє серденько.*

"And when you're tired," she added softly, "I cover you with your blanket, bring you your teddy bear, and sing you our special song."

– І коли ти втомлена, – м'яко додала вона, – я вкриваю тебе твоєю ковдрою, приношу тобі твого плюшевого ведмедика і співаю тобі нашу особливу пісеньку.

"What if I have too much energy?" I asked, jumping to my feet.

*– А що як у мене забагато енергії? – запитала я, скочивши на ноги.*

She laughed. "When you're full of energy, we go biking, skip rope, or run around outside together. I love doing all those things with you!"

*Вона засміялася:*
*– Коли ти сповнена енергії, ми катаємося на велосипеді, стрибаємо на скакалці або бігаємо надворі разом. Я люблю робити всі ці речі з тобою!*

"But do you love me when I don't want to eat broccoli?" I stuck out my tongue.

– Але чи любиш ти мене, коли я не хочу їсти броколі? – я висуваю язик.

Mom chuckled. "Like that time you slipped your broccoli to Max? He liked it a lot."

Мама засміялася:
– Як того разу, коли ти підкинула свою броколі Максу? Йому дуже сподобалось.

"You saw that?" I asked.
– *Ти бачила це? – запитала я.*

"Of course I did. And I still love you, even then."
– *Звичайно, я бачила. І я все ще люблю тебе, навіть тоді.*

I thought for a moment, then asked one last question:
*Я задумалася на мить і потім поставила одне останнє запитання:*

"Mommy, if you love me when I'm gloomy or mad... do you still love me when I'm happy?"
*– Мамо, якщо ти любиш мене, коли я похмура або зла... ти все ще любиш мене, коли я щаслива?*

"Oh, sweetheart," she said, hugging me again, "when you're happy, I'm happy too."
*– Ох, серденько, – сказала вона, знову мене обіймаючи, – коли ти щаслива, я також щаслива.*

She kissed me on the forehead and added, "I love you when you're happy just as much as I love you when you're sad, or mad, or shy, or tired."
*Вона поцілувала мене в лобик і додала:
– Я люблю тебе, коли ти щаслива, так само, як я люблю тебе, коли ти сумна, зла, сором'язлива чи втомлена.*

I snuggled close and smiled. "So... you love me all the time?" I asked.

*Я близенько притулилася й усміхнулася:
– Отже... ти любиш мене весь час? – запитала я.*

"All the time," she said. "Every mood, every day, I love you always."

*– Увесь час, – сказала вона. – Кожен настрій, кожен день, я люблю тебе завжди.*

As she spoke, I started feeling something warm in my heart.
*Поки вона говорила, я почала відчувати щось тепле у своєму серці.*

I looked outside and saw the clouds floating away. The sky was turning blue, and the sun came out.
*Я виглянула на вулицю і побачила, як хмари розступилися. Небо ставало блакитним і виходило сонечко.*

It looked like it was going to be a beautiful day after all.
*Здавалося, що день все ж таки буде чудовим.*

www.ingramcontent.com/pod-product-compliance
Lightning Source LLC
LaVergne TN
LVHW070124080526
838200LV00086B/312